IB 49 S43

LE CHEVREUIL

DE COMPIÈGNE.

IMPRIMERIE ANTHELME BOUCHER,
Rue des Bons Enfans, nᵒ. 34.

LE CHEVREUIL

DE COMPIÈGNE,

ANECDOTE ANCIENNE;

PUBLIÉE

PAR B. TEISSIER.

PARIS.

DELAFOREST, LIBRAIRE, PLACE DE LA BOURSE,
RUE DES FILLES-SAINT-THOMAS, Nº. 7.

1827.

AVIS.

L'anecdote du CHEVREUIL DE COMPIÈGNE, que je transcris ici telle que me la rappelle très fidèlement ma mémoire, me fut dictée, lorsque j'étais encore fort jeune, par un professeur qui la prenait dans un volume in-8°., assez fort et très bien imprimé. Je ne connais ni le titre de l'ouvrage, ni le nom de son auteur; cependant, comme depuis la restauration je recueille exactement les réflexions de politique et de morale qui me viennent à la pensée, je serais charmé de connaître en entier, pour le consulter, l'ouvrage d'où est tirée cette anecdote. Je me suis depuis long-temps adressé à des littérateurs profonds, pour

connaître la source de ce récit, mais aucun
d'eux n'a pu me l'indiquer.

Je savais que je trouverais toujours
cet écrit en m'adressant, par la voie de la
publicité, à tous les savans de France,
dont beaucoup ont acquis en bibliographie
une érudition extraordinaire ; mais soit
fausse honte de proclamer mon insuffisance,
soit espérance de trouver tôt ou tard le
livre qui contient cette anecdote, je diffé-
rais d'avoir recours à ce moyen. Cependant
un projet de loi qui, au moyen du timbre,
me ferait payer cher ma curiosité, paraît :
il faut bien se décider; et, mettant de côté
toute pudeur enfantine, demander le do-
cument que je désire. En conséquence,
je prie ceux qui connaissent le corps d'ou-

vrage qui renferme l'anecdote qui suit,
de vouloir bien me l'indiquer ; ils peuvent
d'avance compter sur toute ma réconnais-
sance.

LE CHEVREUIL

DE COMPIÈGNE.

Après avoir lu plusieurs pages de je ne sais quel moraliste, Saint-Léon ferma son livre ; il était arrivé au milieu de la forêt de Compiègne, au lieu nommé *la Chambre verte*, but constant de ses promenades. Ici, était le banc de gazon qui servait de lit de repos ; là, était le rocher dont une des faces, unie et légèrement inclinée, devenait un pupitre commode pour écrire ; un peu plus loin était le chêne dont les branches séculaires et pressées entr'elles servaient toujours d'abri sûr contre la pluie ou les rayons trop ardens du soleil. De tous les lieux variés de ces bois immenses, *la Chambre verte* était celui que Saint-Léon affectionnait le plus ; il y venait presque tous les jours, pour lire, respirer un air pur, et se livrer tout entier aux pensées nobles et généreuses qu'inspire, nourrit et fortifie le spectacle imposant des forêts.

Saint-Léon était plébéien et commençait à entrer dans l'âge mûr ; l'amour n'était plus à ses yeux qu'une illusion trop souvent trompeuse, et faisait placé dans son imagination à ces vastes idées de sagesse générale et de félicité publique qui révèlent toujours à l'homme de bien, le sentiment de sa propre grandeur et de sa dignité personnelle. Sans être riche, il était à l'abri du besoin ; et comme l'am-

bition n'avait jamais corrompu son âme,
il se disait souvent, avec un juste sentiment d'orgueil : « Je suis libre, je suis
heureux. »

Saint-Léon était connu de tous les
gardes-chasse de la forêt; il avait rendu
à presque chacun d'eux des services plus
ou moins grands : tous l'aimaient. Cependant Georges était de ces gardes celui
qui lui portait le plus d'affection; Georges
avait eu des malheurs, et la bourse et les
conseils de Saint-Léon les avaient effacés ;
aussi l'attachement de Georges pour son
bienfaiteur était si grand que, lorsqu'il
passait une journée sans le voir, il ne
regagnait jamais sa cabane sans être triste
et rêveur.

Habitué à venir toujours au même lieu
de la forêt, Saint-Léon n'inspirait plus
aucune crainte aux oiseaux du voisinage ;

au contraire, quelques grains de mil qu'il
leur avait souvent distribués les avaient
rendus si familiers qu'ils venaient jusqu'à
ses pieds, et bientôt après, dispersés dans
le feuillage, semblaient, par leurs chants
harmonieux et variés, le remercier de ses
soins prévenans.

Un jour, à peine arrivé à la *Chambre
verte*, à peine assis sur le banc de gazon,
Saint-Léon voit partir du buisson qui
était le plus près de lui un chevreuil qui
s'élance avec une précipitation et une in-
quiétude rares chez ces animaux, à moins
qu'ils ne soient vivement poursuivis.
Étonné, il s'approche, soulève les branches de verdure et trouve un jeune faon
que sa mère venait à peine de mettre au
monde; bientôt il le caresse, et après l'a-
voir entouré d'une mousse douce et lé-
gère, il s'éloigne.

Le lendemain, Saint-Léon retrouve encore le faon à la même place, et lui donne de nouveaux soins; l'intérêt qu'il portait à ce jeune animal et le désir d'apprivoiser une bête fauve, lui fit, pendant assez long-temps, consacrer tous ses loisirs à son nourrisson, qu'il nomma CHÉRI. Toutes les fois qu'il venait à la forêt, il lui donnait à manger du sucre ou du pain, et CHÉRI était si reconnaissant de ces soins assidus qu'il lui léchait les mains, se couchait à ses pieds ou le suivait comme le chien le plus fidèle; cependant, quand le jeune faon allait trop loin, Saint-Léon avait soin de le renvoyer vers le lieu de sa naissance, cet endroit étant, de tous les cantons de la forêt, le moins propre aux chasses.

Chaque matin, Georges se rendait au lieu de prédilection de son bienfaiteur;

s'il l'y trouvait, il causait avec lui quelques momens et s'en allait ensuite satisfait; il savait que celui à qui il devait tant de reconnaissance aimait la solitude, et l'instinct de son bon cœur le guidait si sûrement qu'il ne se rendit jamais importun.

Cependant CHÉRI, devenu grand, avait continué de ne presque jamais quitter Saint-Léon, tant qu'il était dans les environs de la *Chambre verte*, et l'habitude de voir chaque jour Georges, qui souvent lui donnait du pain, l'avait rendu aussi familier avec ce garde qu'avec Saint-Léon, de telle sorte qu'il courait ordinairement à sa rencontre, lorsqu'il l'apercevait de loin, comme à celle de Saint-Léon lui-même.

L'affection de Georges et l'attachement de CHÉRI satisfaisaient notre solitaire, qui trouvait d'ailleurs dans l'étude et les méditations le complément d'un bonheur véritable.

- Le silence des forêts et la confiance qu'inspire leur majestueuse solitude, provoquent naturellement au désir de lire à haute voix les écrits qui font sur nous le plus d'impression; aussi était-ce de cette manière que Saint-Léon faisait presque toutes ses lectures. Georges en venant le visiter avait soin, pour ne pas l'interrompre, d'arriver sans bruit par les allées détournées ou à travers les touffes du bois. Un jour il vient, voit d'assez loin Saint-Léon parcourant les pages d'un livre, s'approche un peu, s'arrête et attend le moment favorable de se présenter, lorsque Saint-Léon, se levant rapidement, lut avec âme et à haute voix le passage suivant :

« Les Rois sont placés au milieu des
» peuples pour en faire le bonheur; pour-

» quoi si rarement atteignent-ils ce but !
» Qui nombrera la multitude des Mo-
» narques passés sur la terre ?... Et ce-
» pendant combien d'entr'eux ont fait le
» bonheur de leurs sujets ?..... Je les
» compte.....et leur petit nombre, quand
» je le compare à celui des générations
» écoulées, m'inspire une terreur que j'ai
» peine à maîtriser.

   » Quoi qu'en dise une trop sévère mi-
» santhropie, les hommes en général sont
» bons. Les Rois sont des hommes; com-
» ment se fait-il donc que sur leur nombre
» presqu'infini, l'équitable postérité ne
» me présente que quelques noms isolés
» composant toute sa liste des bons
» Rois ?

   » Je me hâte de le dire, cette pensée
» est douce à mon cœur: TOUS LES ROIS
» VEULENT LE BONHEUR DE LEURS SUJETS;

» si quelques exceptions rares se sont
» présentées dans la suite des siècles, je
» ne peux les attribuer qu'aux jeux de la
» nature qui se plaît quelquefois à s'é-
» carter des lois générales de la création,
» pour prouver à notre faible intelligence
» que si elle se soumet elle-même à ces
» lois, ce n'est point en esclave.

» TOUS LES ROIS VEULENT LE BONHEUR
» DE LEURS SUJETS : voilà la règle géné-
» rale. Les peuples cependant deman-
» dent pourquoi cette volonté des Rois
» ne s'accomplit presque jamais; je vais
» le dire:

» Deux choses sont indispensables à un
» Souverain pour mettre au jour toute sa
» gloire: le choix de bons ministres et
» l'habitude d'entendre la vérité.

» Les Rois sont placés à un rang si
» élevé qu'ils ne voient presque rien par

» eux-mêmes, et ne peuvent gouverner
» qu'à l'aide de ministres. La vérité,
» presque jamais, n'arrive jusqu'à eux ;
» les ministres et les courtisans, qui seuls
» les entourent, sont, pour la plupart,
» des gens si fourbes et si dominés par
» l'idée de la conservation de leur puis-
» sance, qu'ils sacrifient tout au vil sen-
» timent de cette honteuse conservation.
» On peut être certain que plus ils sont
» inhabiles à faire le bien, plus ils sont
» adroits, non seulement à cacher la vé-
» rité, mais encore à en détourner les
» moindres rayons ; de telle sorte qu'on
» a vu des Rois n'apercevoir l'abîme
» journellement creusé sous leurs pas,
» par leurs ministres, qu'après y avoir
» été lourdement précipités !   ı «

   » Une nation aura toujours un bon Roi
» quand son Souverain aura trouvé de

» bons ministres. Chaque État renferme
» inévitablement dans son sein, quoi-
» qu'ils soient rares, des Sully, des Col-
» bert et des Daguesseau; seulement il
» faut savoir les y trouver. La recherche
» de ces génies bienfaisans doit, j'en con-
» viens, être longue et pénible, mais du
» succès de cette recherche dépend né-
» cessairement LE SORT des Rois comme
» LE BONHEUR des peuples.

» Qu'après avoir trouvé de bons mi-
» nistres, un Roi sache écouter la vérité,
» et son règne sera glorieux à toujours;
» j'en ai l'univers entier pour garant. Je
» sais que les premiers accens de la vé-
» rité paraissent âpres aux oreilles roya-
» les, inaccoutumées à les entendre; mais
» que les Rois répriment un *seul jour*
» les sentimens pénibles que ces premiers
» accens leur font éprouver, demain ils

2..

» voudront les entendre encore ; et bien-
» tôt ces mêmes accens, portant dans leur
» âme une noble chaleur, leur paraî-
» tront doux et mélodieux. La voix de
» la vérité est si attrayante pour les bons
» Rois ! »

Cette lecture fit sur l'esprit de Saint-
Léon une impression profonde. On aurait cru, à la manière dont il méditait
les paroles qu'il venait de prononcer,
qu'il était Roi et cherchait des ministres
pour son peuple ; cependant il sortit bientôt de ses méditations et se mit à écrire :
il écrivit long-temps ; et comme il parais-
sait disposé à continuer encore, Georges s'éloigna doucement, avec la résolu-
tion de revenir dans quelques heures.

Il revint en effet, et trouvant Saint-
Léon occupé à caresser CHÉRI, il s'avança
et dit : « Vous aimez beaucoup ce jeune

chevreuil; je l'aime autant que vous, et
l'attachement qu'il a pour nous deux me
le rend tellement cher, que j'ai des in-
quiétudes véritables sur son sort : il fait
partie de ces innocens animaux dont la
vie est consacrée au plaisir du Roi et des
princes, et je crains que chaque jour la
mort nous le ravisse. — Ce qui te vient à
la pensée dans ce moment, bon Georges, m'y vient tous les jours depuis que
je l'ai vu sortant à peine des flancs de sa
mère ; mais que veux-tu, mon ami ?... si
tu savais combien de braves soldats sont
morts en allant combattre pour la vanité
et le caprice des Rois, ou ceux de leurs
maîtresses, tu te résignerais sur le sort
qui attend peut-être ce pauvre animal.
Va! il est libre dans ces vastes forêts, il
n'a point de maître, il a pour lui son instinct, et quoiqu'il soit exposé au danger

que tu redoutes, il n'est pas le plus malheureux des êtres vivans! — Ah! reprit
Georges, je ne reconnais pas là votre
attachement pour lui, et je vois que je
l'aime encore plus que vous ne l'aimez
vous-même; quoique je n'en aie pas
parlé, il y a long-temps que je pense à ce
que je viens de vous dire... Tenez, j'ai mis
pour lui dans ma poche ce beau ruban
vert, et si vous vouliez, nous le lui atta-
cherions au cou; par ce moyen tous les
gardes le reconnaîtraient et l'écarteraient
du danger, s'il se présentait à un poste
périlleux. — Tu as raison, dit Saint-
Léon; voyons, attache ton ruban.... Ah!
c'est bien...... Mais je m'aperçois qu'à
quelques pas de distance la marque ne
sera pas très visible... Ton idée, quoique
simple, est cependant excellente, Georges; j'apporterai demain un morceau

d'étoffe blanche, qui, suspendu à son
collier, le rendra remarquable à tous les
yeux... Mais en attendant, j'y pense,
cette feuille de papier, pliée en quatre,
en remplira l'office... Tiens, voilà qui est
fait... c'est à merveille !... » CHÉRI, qui s'é-
tait paisiblement laissé décorer, se trouvant un peu embarrassé de sa parure, se-
couait la tête et cherchait à se défaire de
son collier, lorsque l'aboiement éloigné
d'un chien lui fit tout-à-coup prendre
la fuite. Déjà depuis long-temps il avait
disparu au milieu des taillis, lorsque
Saint-Léon et Georges, cheminant de
compagnie, regagnèrent leurs demeures.

Le lendemain matin, à peine le cré-
puscule a remplacé les dernières ombres
de la nuit, le son du cor se fait entendre
dans la forêt en vingt endroits divers,
répété par vingt échos différens; bientôt

les meutes font retentir les airs de leurs
voix menaçantes, qu'excitent encore les
sons bruyans des fanfares; les piqueurs se
répandent de tous côtés; les gardes sont
à leurs postes; les coursiers hennissant
bondissent sous les mains qui les maîtri-
sent; enfin c'est le Roi, suivi de tous les
grands de sa cour, devançant le lever du
soleil, pour chasser les fauves habitans
des bois de Compiègne.

Le Monarque se fait bientôt remarquer,
entre tous les seigneurs de sa cour, par
son extrême dextérité : en vain la perdrix
se fie à la rapidité de son vol; foudroyée,
elle tombe immobile et sans vie. Le liè-
vre cherche inutilement son salut dans sa
vitesse; à peine il s'est décidé à fuir que
la mort l'a déjà frappé. Le daim, atteint
d'un plomb mortel, tombe dans le fossé
qu'il franchit; enfin le sanglier, protégé

par ses formidables défenses, après avoir
tenu tête à l'attaque, devient l'agresseur :
il s'élance... mais déjà le cimeterre du Roi
lui a traversé le cœur... déjà son sang a
noirci la terre... déjà il a rendu le der-
nier soupir.

Le soleil n'a pas encore atteint le-mi-
lieu de sa course, que mille pièces de
gibier sont tombées sous les coups inévi-
tables du Roi. Ce Monarque, ayant par-
couru presque toute la forêt, sent enfin le
besoin de quelques momens de repos ; le
banc de gazon sur lequel hier encore
Saint-Léon était assis , s'offre à ses yeux :
il s'y place, appelle un garde qu'il aper-
çoit à quelque distance de là , et lui
demande des renseignemens sur les loca-
lités. Georges, car c'est à lui que s'adressait le Souverain, donne ces renseignemens; mais il finit à peine, que le Roi se

lève précipitamment, et, disposant son
arme, dit : « Voilà un CHEVREUIL !... —
Ah ! Sire, s'écrie Georges, grâce ! grâce !
pour CHÉRI !... » C'était en effet CHÉRI
qui, du bout d'une des grandes allées,
avait aperçu le garde, et se dirigeait vers
lui avec la rapidité d'une flèche lancée
par un bras vigoureux. Le Roi surpris
s'arrête, et pendant que Georges racontait
l'histoire du chevreuil, le reconnaissant
animal lui couvrait les mains de caresses.

Le Roi, étonné de ce qu'il venait d'ap-
prendre, s'aperçut, en regardant plus
attentivement le chevreuil CHÉRI, que le
papier qu'il portait au cou renfermait de
l'écriture. Curieux d'en connaître le con-
tenu, il voulut détacher lui-même ce
papier ; il y parvint, mais non sans quelques difficultés causées par la pétulance
de l'animal.

Après avoir recommandé à Georges de ne pas trop s'éloigner, de garder le chevreuil avec lui, et après s'être placé de nouveau sur le banc de gazon, le Roi déplia le papier et y lut ce qui suit :

RÉFLEXIONS ET MAXIMES GÉNÉRALES DE POLITIQUE ET DE MORALE.

I.

« Tous les Rois savent que leur avène-
» ment au trône suffit pour les conduire
» à la postérité ; mais tous ne savent pas
» assez combien cette postérité, qu'on
» ne trompe pas, est sévère et inflexible
» dans les arrêts de sa justice : elle dis-
» tribue de nobles récompenses ; mais
» aussi elle inflige de rudes châtimens.
» C'était sans doute, chaque jour, la
» première pensée d'Henri IV. »

II.

« Si la postérité conserve les surnoms
» donnés aux Rois de leur vivant, c'est
» plus pour les désigner que pour les ca-
» ractériser. Pierre-*le-Grand* est connu
» sous ce nom dans l'histoire ; aujour-
» d'hui bien des gens ne le nomment que
» Pierre-*le-Cruel.* »

III.

« Il y a eu des princes si convaincus
» de leur incapacité, qu'ils n'ont pas
» même voulu se donner la peine d'es-
» sayer d'en sortir ; cela ne les a pas em-
» pêchés de régner quand leur tour est
» arrivé. (*Cette vérité est clairement*
» *démontrée par l'histoire des Rois fai-*
» *néans.*) »

IV.

« Les leçons de l'adversité, toutes

» puissantes sur l'esprit d'un citoyen,
» sont rarement perdues pour lui. De
» retour à la prospérité, ses malheurs
» passés se représentent souvent à sa
» pensée, et lui tracent de sages règles
» de conduite. En est-il de même pour
» les Rois ?.... — Oui. — Tant mieux. »

V.

« Environné continuellement d'hom-
» mages, sans cesse entouré de courti-
» sans, un Roi a peu de temps dans la
» journée pour se livrer à ses pensées.
» Dieu, en protégeant un Roi, devrait
» le réveiller chaque nuit, et le laisser,
» pendant une heure, avec ses propres
» méditations. »

VI.

« Si j'avais le malheur d'être Roi, j'a-

» doucirais cette infortune en faisant le
» bonheur de mes sujets. »

VII.

« On peut aller à la cour et n'être pas
» courtisan; mais cela est rare. »

VIII.

« Écoutez les harangues des courtisans
» chez toutes les nations : Le Roi régnant
» est toujours LE MEILLEUR DES ROIS. Les
» peuples ne tiennent pas toujours ce
» langage. »

IX.

« Je crois qu'il n'y a jamais eu de Roi
» sur la terre qui n'ait été salué, par ses
» courtisans, du nom de PÈRE DE SES SU-
» JETS. C'est un beau titre ! Mais un Roi,
» pour savoir à quoi s'en tenir sur cette
» qualification, doit descendre souvent

» dans sa conscience, et faire de temps à
» autre le dénombrement de ses actions
» paternelles. »

X.

« Que de gens ont dit : *Vive le Roi!*
» *Vive la Ligue!* qui le diraient encore
» si l'occasion s'en présentait ! »

XI.

« Il faut que la louange soit bien douce
» à l'oreille d'un Prince pour qu'il l'écoute
» avec plaisir de la bouche de celui-là
» même qui naguère l'adressait, avec
» pareille onction, à l'usurpateur de son
» trône ! On croirait difficilement à ce
» phénomène, si l'histoire ancienne n'en
» fournissait pas des exemples. »

XII.

« Je ne croirais pas, si j'étais Roi, au

» bonheur et à la prospérité de mon peu-
» ple, tant que je ne les entendrais pro-
» clamer que par ceux qui recevraient
» des appointemens de mon trésor et
» des faveurs de mes ministres. »

XIII.

« Les courtisans sont à la charge des
» Rois, et toujours un peu, par contre-
» coup, à la charge des peuples. »

XIV.

« La simple promesse d'un homme
» d'honneur vaut mieux que le serment
» de bien des gens. »

XV.

« Un peuple comme unité est peu de
» chose; cependant il y a dans cette unité
» bien des yeux, des oreilles, des langues
» et des bras. »

XVI.

« Il est aussi facile au peuple de voir
» les manœuvres que de mauvais minis-
» tres emploient pour tromper les Rois,
» qu'il est difficile aux Rois d'apercevoir
» ces manœuvres. »

XVII.

« Si j'étais Roi, et qu'un cri général
» d'animadversion s'élevât contre mes
» ministres, je voudrais trouver, dussé-je
» le chercher soigneusement, un homme
» assez sauvage pour me dire LA VÉRITÉ
» TOUT ENTIÈRE. Je pousserais la curio-
» sité jusque-là. »

XVIII.

« Ce n'est que lorsqu'il a des minis-
» tres capables qu'un Roi doit ne s'in-
» quiéter de rien. »

XIX.

« Il y a des gens assez faibles pour
» croire que leur entêtement est une no-
» ble fermeté. »

XX.

« Celui là est bien sourd qui ne veut
» rien entendre. »

XXI.

« La colère manque souvent son but;
» dans son aveuglement, elle honore pres-
» que toujours celui qu'elle veut punir. »

XXII.

« Que font des ministres qui n'em-
» ploient que la corruption pour tout
» moyen de gouvernement? — Ils atta-
» chent sur le trône le fil électrique qui
» doit y conduire la foudre. »

XXIII.

« La corruption produit la dissolu-
» tion. »

XXIV.

« La magnanimité naît quelquefois de
» l'abjection poussée trop loin, comme
» la liberté naît toujours d'un esclavage
» trop rigoureux. »

XXV.

« Un ministre qui ne connaît que l'ar-
» gent, fût-il même ministre des finan-
» ces, ne sera jamais qu'un mauvais mi-
» nistre. »

XXVI.

« En mettant sous les yeux du Prince
» les immenses recettes du trésor de
» l'État, un ministre a toujours raison ;
» le tableau serait moins brillant, mais
» plus vrai, s'il était accompagné de la
» liste des malheureux dont on a vendu
» les dépouilles pour arriver au résultat
» dont le ministre se fait gloire. »

XXVII.

« On allait jadis à Constantinople pour
» trouver un ministre de la justice
» n'ayant aucune connaissance des lois;
» à une époque de l'histoire de France,
» il n'a pas été nécessaire d'aller si
» loin. »

XXVIII.

» Si jamais les faveurs de certains mi-
» nistres venaient me trouver, la pre-
» mière chose que je ferais serait d'exa-
» miner scrupuleusement ma conscience
» pour savoir ce qu'elle aurait à me re-
» procher. »

XXIX.

« L'amour ou la haine d'un mauvais
» ministre ne valent guère mieux l'un
» que l'autre. »

XXX.

« Il y a des gens qui, honteux d'eux-
» mêmes, cherchent dans les décisions
» judiciaires un moyen de se mettre à
» l'abri de la censure publique; les in-
» sensés ne savent donc pas que souvent
» une tache lavée par la justice n'en pa-
» raît que plus éclatante ! »

XXXI.

« Une loi est toujours facile à bien
» faire, quand on a l'intention de l'exé-
» cuter loyalement. »

XXXII.

« Un bon père de famille aime mieux
» voir ses enfans un peu bavards que
» trop taciturnes. »

XXXIII.

« Le malade qui concentre trop ses
» pensées finit presque toujours par de-
» venir furieux. »

XXXIV.

« Un seul coup d'état peut renverser
» un État. »

XXXV.

« Les fils de certains grands person-
» nages demanderont sans doute le chan-
» gement de leurs noms , après la mort
» de leurs pères; qu'ils sont à plaindre
» jusqu'à cette époque! »

XXXVI.

« Un Souverain qui sent une prédilec-
» tion marquée pour les NOBLES de son
» Royaume devrait, usant des droits de
» sa couronne, accorder des lettres de
» noblesse à tous ses sujets qui en vou-
» draient. »

XXXVII.

« Il est plus difficile de mériter des
» lettres de noblesse que d'en obtenir. »

XXXVIII.

« Quiconque aura une réputation de
» franchise et de loyauté, ne devra pas se
» borner à dire sans cesse qu'il aime et
» chérit ses amis ; il devra, de temps
» à autre, le prouver par quelques ac-
» tions, quand ce ne serait que pour con-
» server cette réputation. »

XXXIX.

« Je ne crois à l'infaillibilité du Pape,
» que parce qu'il a des ministres respon-
» sables. »

XL.

« La crainte de Dieu prévient souvent
» bien des fautes ; la crainte de l'enfer fait
» faire quelquefois bien des sottises. »

XLI.

« La piété véritable est rare ; cepen-
» dant on voit de tous côtés des gens qui
» passent pour fort pieux. »

XLII.

« Dieu peut pardonner à un athée;
» peut-il absoudre un hypocrite ? Je ne
» le crois pas. »

XLIII.

« Un Roi qui tient à avoir pour sujets
» des hommes plutôt que des esclaves,
» se garde bien de toucher aux cons-
» ciences. »

XLIV.

« Celui qui a l'ambition d'être plus
» puissant qu'un Roi, la satisfait sans
» peine en devenant jésuite. »

XLV.

« Les jésuites se mettent facilement
» au-dessus des lois : les Rois ne s'y met-
» tent jamais. »

XLVI.

« Qui doit répondre de l'inexécution

» des lois? —Ceux qui sont chargés de
» les faire exécuter. Quel châtiment est
» réservé à celui qui se rend coupable
» de cette inexécution? — Je n'en sais
» rien. »

XLVII.

« Certains ambassadeurs font comme
» les fanfarons : ils avancent parce qu'ils
» voient qu'on recule devant eux. Pa-
» tience ! Ils entendront peut-être dire
» un jour : *en avant... marche !...* Alors
» on connaîtra leur courage. »

XLVIII.

« La gloire militaire des généraux est
» la propriété de la nation à laquelle ils
» appartiennent. Toucher à cette gloire
» serait blesser l'orgueil de chaque ci-
» toyen. Henri IV le pensait ainsi ; Sully
» était du même avis. »

XLIX.

« Plus les races sont illustres, et plus
» ceux qui sont chargés d'en conserver
» l'éclat doivent apporter de soins à ne
» pas les laisser dégénérer. A la rigueur
» on peut renoncer à sa gloire person-
» nelle, jamais à celle qu'on tient de ses
» ancêtres. »

L.

« Certains Rois se trouveraient bien
» humiliés s'ils pouvaient lire aisément
» dans les replis du cœur de leurs mi-
» nistres. »

LI.

« Tous les cœurs généreux ambi-
» tionnent la gloire de l'immortalité;
» pour l'atteindre, les forces nous man-
» quent moins que le courage. »

LII.

« Dire aux Rois la vérité sans réticences

» est la manière la plus utile et la plus
» convenable de rendre hommage au
» profond respect qui leur est dû. L'adu-
» lation et le mensonge attirent souvent
» sur leurs têtes de grandes calamités. »

LIII.

« Un Roi monte sur le trône ; son avè-
» nement est salué par des cris de joie
» et de bonheur qui n'ont pas de fin ;
» on se presse, on ne peut assez le voir,
» toutes ses paroles sont avidement ac-
» cueillies et gravées dans les cœurs ;
» la félicité publique est à son comble,
» et n'est surpassée que par la félicité du
» Monarque, qui s'épand de tous les
» traits de son visage rayonnant d'allé-
» gresse. Alors on ne voit que le Roi, ce
» sont ses paroles et ses actions, elles
» ne sont point obscurcies et dénatu-

» rées ; mais ce bonheur n'est pas de
» longue durée. Quelques mois ne sont
» pas écoulés, et les ministres ont ca-
» ché le Prince tout entier. A la place
» de sa franchise, ils ont mis la dupli-
» cité ; à sa loyauté, ils ont substitué la
» corruption ; auprès de sa piété solide,
» ils ont audacieusement fait asseoir l'in-
» fâme hypocrisie, dont les réseaux se
» sont étendus sur tous les états du Mo-
» narque.

» Cependant, fier de la vue et de la
» joie de son peuple, le Roi veut encore
» en repaître ses yeux, en nourrir son
» âme, il sort.... Mais hélas ! la multi-
» tude ne se presse plus sur son passage ;
» le silence a remplacé les cris de joie
» et de bonheur.... D'où naît ce change-
» ment ?... Le Roi le demande à ses mi-
» nistres... Ses ministres !!! diront-ils :

» C'EST NOTRE OUVRAGE ? Non ; ils veulent
» conserver leur puissance, ils calom-
» nieront la nation tout entière, et ils
» resteront ministres. »

LIV.

« Le sort d'un Roi n'est que trop sou-
» vent semblable à celui d'une coquette :
» après l'amour qu'on avait pour elle
» vient l'indifférence , et puis.... l'aban-
» don. »

LV.

« Un Roi qui attend que son trône soit
» brisé, pour connaître le mécontente-
» ment de son peuple, est plus à plaindre
» qu'à blâmer. S'il a des ministres res-
» ponsables, à quoi cela lui sert-il ? »

Après avoir lu ces pensées avec une at-
tention toute particulière , le Roi appela

Georges et lui dit : « L'histoire de ton chevreuil m'a intéressé ; cet animal me plaît par sa familiarité, je veux le voir souvent ; tu le conduiras dans le jardin du palais, où je ferai disposer un bosquet propre à le recevoir. Quant à toi, tu seras son garde spécial, et mille écus seront, tous les ans, le prix de tes soins. — Sire, reprit Georges, je ne peux qu'être honoré de tant de bontés ; mais le séjour de cette forêt plairait mieux à Chéri que le jardin du palais ; quant à moi, simple garde de ces bois, je me trouve heureux de mon sort et ne désire pas le changer ; si votre Majesté le permettait, les choses resteraient comme elles sont ; seulement, les jours de chasse, je conduirais Chéri au jardin du palais, parce qu'alors il y serait mieux qu'ici...—Tu le veux, dit le Roi en souriant ; eh bien, soit ! — Ah ! s'écria

Georges, que M. Saint-Léon sera content! »

Le Roi voyant arriver de loin les Princes et les grands qui étaient à sa recherche, marcha à leur rencontre en quittant Georges et CHÉRI; et, s'éloignant, il disait à voix basse...... Saint-Léon! . . . .

. . . .

FIN

POST-SCRIPTUM.

POST-SCRIPTUM.

Au moment où l'on fait le tirage de cette dernière feuille, une Personne m'annonce avoir vu l'Ouvrage dans lequel cette anecdote a été puisée, et me donne l'espoir fondé de me procurer bientôt un exemplaire du livre entier. Si, comme on me l'assure positivement, LA SUITE de l'Ouvrage offre dans ce moment un vif intérêt, je m'empresserai de la publier, en employant un format, des caractères et du papier entièrement semblables à ceux de la présente Édition.

www.ingramcontent.com/pod-product-compliance
Lightning Source LLC
Chambersburg PA
CBHW060742280326
41934CB00010B/2327

* 9 7 8 2 0 1 1 3 0 2 2 9 8 *